Nicolas NKONGO

Mémoires poétiques

Nicolas NKONGO

Mémoires poétiques

Confessions de guide

Éditions Muse

Imprint
Any brand names and product names mentioned in this book are subject to trademark, brand or patent protection and are trademarks or registered trademarks of their respective holders. The use of brand names, product names, common names, trade names, product descriptions etc. even without a particular marking in this work is in no way to be construed to mean that such names may be regarded as unrestricted in respect of trademark and brand protection legislation and could thus be used by anyone.

Cover image: www.ingimage.com

Publisher:
Éditions Muse
is a trademark of
International Book Market Service Ltd., member of OmniScriptum Publishing Group
17 Meldrum Street, Beau Bassin 71504, Mauritius
Printed at: see last page
ISBN: 978-620-2-29909-1

MEMOIRES POETIQUES

(Confessions de guide)

Dédicaces

A ma mère Honorine Liwele qui a tant donné pour me voir accomplir de grandes choses, pour son amour inconditionnel et ses conseils bienveillants ;

A mes fils bien aimés Prince Martial NKONGO et Glory Jonathan NKONGO, à qui je souhaite de trouver leur voie quelles que soient les conditions de vie.

Remerciements

- Mes profonds remerciements aux éditions Muse pour la célérité et le professionnalisme dans le processus d'édition de cet ouvrage
- Mes sincères remerciements a M ELONGO Bandolo Thomas qui m'accompagne depuis toujours, et pour sa générosité sans borne
- Mes sincères remerciements à M Philippe Fernand BALLA pour ses encouragements et les facilités qu'il a apportées à la réalisation de ce livre
- Mes sincères remerciements à Kenshi Laurent François ENOGA qui m'a généreusement accompagné dans le peaufinage de cette œuvre
- Remerciements particuliers à M. TCHETEU Epanlong Bernard pour son soutien permanent dans mes projets et notamment ses encouragements qui ont conduit à trouver la bonne mesure pour finaliser cet ouvrage.
- Mes remerciements à toute la MASTER'S ACADEMY et à l'école SHOBUKAI pour l'amour et la reconnaissance qui me guident dans mes réalisations quotidiennes.
- A toutes ces inimitiés avouées et inavouées de ceux que je ne connais pas qui m'ont permis de comprendre le sens de la résilience, MERCI.

AVANT PROPOS

Le monde dans le quel nous vivons aujourd'hui offre bien de raisons d'être sceptique sur les perspectives d'épanouissement collectif, tant les hommes sont en proie au doute, à la peine, à la peur. Mais l'histoire des peuples révèle que c'est bien la condition de l'homme. Pourtant l'espoir d'un lendemain toujours radieux pose constamment la problématique du choix entre croire en une unité de consciences débarrassées de tout individualisme pour œuvrer au bien être de l'homme, ou renoncer à réaliser ce rêve. Toute action humaine, portée vers le passé nostalgique ou inversement vers l'espérance fait appel à la mémoire : mémoire d'un homme, mémoire collective, mais mémoire tout de même. Les mémoires poétiques se positionnent comme un portail vers l'avenir, dans un style qui remémore les temps et les lieux qui doivent constituer un facteur de développement. La condition de l'homme, l'espoir, l'au-delà sont des titres qui rappellent non pas la vanité des choses mais la nécessité de regarder au-delà des apparences et des différences pour comprendre l'enjeu de l'amour et de l'union fraternelle. L'exaltation de la nature et conduit à préserver le patrimoine pour les générations à venir. La finalisation de certains poèmes a pris une dizaine d'années quoique le temps ne soit pas la garantie de la perfection. Puisse le lecteur y trouver un son qui appelle l'action, au-delà de l'appréciation de la beauté des mots.

OURANOS

Sur les sentiers des quatre éléments où on se prélasse

Ne sachant pas y faire éternelle gite pour autant,

L'atome git et en dépit des révélations de son temps

Croit résolument en la promesse d'une ascension mitigée

Derrière les plaisirs d'une chair définitivement partagée

Entre la synagogue et la chaleur des caresses.

Ô expansion, promesse des crédules

Et stratagème des volcurs d'âmes

D'où vinrent le crime et la mer,

Où règne le père sur son pinacle ;

La splendeur de ton immensité jamais accessible

Et le courage dans l'illusion d'y entrer un jour

Contrastent volontiers chez les esprits inférieurs

Qui se forment leur propre joug au jour le jour.

L'ancêtre millénaire, le fils et l'autre cohabitent en liesse

Et jamais ne se posent les exigences de la propriété

Qui répartirait pourtant si bien les rôles dans cette parcelle

De cette terre promise qui restera à jamais virtuelle.

L'image aime à se consoler dans la paresse

De ne pas avoir à surmonter les obstacles

De l'élévation vers le maitre intérieur.

La douleur fait transmigrer,

Le cri de l'extase derrière le sentiment d'accomplissement,

Les larmes de peine qui imprègnent le cœur qui garde espoir

Mystère réconfortant de la transmigration par la douleur :

Le sang est le moteur attitré

De la machine spirituelle millénaire.

Ceux qui croient en ce qu'ils croient

Et croient être meilleurs à croire,

Ceux qui sont l'ignorance d'une ère ouverte à la terre promise ?

Et qui la voient sans y être conviés, on eut dit Enoch en crise,

Sauvé des eaux qui ramène la plaque d'or

Du Sinaï sacré pour planter ce décor.

Ô Ouranos !

Il n'est nulle perception qui puisse en donner la forme

Il n'est nulle croyance qui en connaisse la porte.

Il est l'illumination, le degré et la pomme,

La vérité, ; la vibration la plus forte.

Sur les sentiers des quatre éléments où on se prélasse

Ou se trouve la clé de la porte sans porte.

Juillet 2011 – juillet 2020

Quand la prière conduit à la révélation

LA FOI

Quand sur le marbre de mon être

Se dessine une mélancolie réverbère,

Je dévale allègrement la pente raide

Qui mène vers la lumière obscure de la solitude.

Je traine résolument et sans gêne aucune

Le fardeau des crépuscules sans clair de lune.

Hélé du plus profond de l'abime la main tremblante,

Le prince de la milice mobilise toute l'infante,

Porte la cuirasse et sort le glaive

Pour le bénéfice d'un espoir en grève.

Mon âme exulte pour ces heures troubles

Où elle prend plaisir à se laisser bercer

Par le flot inlassable de la musique du chœur,

Au rythme des timbales de l'armée céleste.

Dans l'espace d'un battement sonore stable,

Modèle de rémission des péchés,

Se noient en désuétude la peine et la peur,

Comme la supplication dans la main d'Allah, modeste

Ô toi qui dans ton innocence m'affranchis,

Ô reine, nébuleuse fleur de ma conscience desservie,

C'est dans la nuit noire où se perd la confiance

Que la flamme grise de ton action étincelle.

J'ai mis du temps et je m'en repens,

A déblayer la brume généreuse qui enveloppe les téguments

De cette orchidée rare qui pousse dans les jardins que Dieu fit,

Pour découvrir les artifices d'une âme qui sourit.

Je clame et n'en regrette pas le sens profond :

Pour la rude chevauchée de l'existence terrestre

J'ai trouvé le plus fugace des étalons ;

J'ai trouvé la clé de la paix au-delà de la chapelle.

J'avance le cœur léger,

Un verset dans la bouche

Une sourate au bout du chapelet.

Que l'on brule les encens aux cérémonies fantoches

Ou que l'on passe des lunes au pieds de la statue de bronze,

Quelle différence cela fera t il

Tant il est que l'une et l'autre parole,

A condition de se faire dévote

Déplace les montagnes et les îles ?

A genoux, assis au confort,

Debout, face contre terre,

La vie se forge dans l'effort.

La croyance appartient à la terre,

La foi appartient au cœur.

L'au-delà de la croyance terrestre

Reste l'écume la subtilité des mystères divins.

Octobre 2011-juillet 2020

Les révélations de l'au-delà

CREATURES

Sont-ils si différents sous le regard de Dieu ?

Seriez-vous beau, seriez-vous fortuné, vous vivrez sous les cieux ;

Aux côtés de l'autre, de l'arabe et même de l'envieux.

Certes me diriez-vous que l'équivalence n'est pas arithmétique.

Les vaniteux à bien des égards sont pathétiques :

La condition de l'homme supérieure à un autre qui lui est pourtant identique

N'est fortuite qu'à l'œil des ennemis de l'élévation.

L'essence de tout être y compris des avortons

Est de porter un message, une révélation.

Les hommes sont-ils si différents sous le regard de dieu ?

Dire une prière nous fait –il pieux

La recherche de la vérité nous fait elle érudit ou curieux ?

Ame sensible ou personne dévote

Pieds plats et muscles en compote

Cœur de pierre et moitié robot

L'imperfection fait d'eux des réceptacles de remords

Obéissant tristement à leur sort,

Eux, condamnés au sort ultime de la mort !

Une âme de guerrier,

Forgée dans la recherche du sang

Qui sonde la subtilité de l'affront,

Découvre dans sa grâce le seul belligérant

Qui mérite par la force de périr :

L'égo à l'intérieur de l'homme.

Les hommes sont les mêmes et si inconscients,

L'égo fait son règne, engendre les méprisants.

Evincé et par essence mécontent :

Paranoïa, colère et ressentiments,

Rancœur, sortilèges et tourments

Tragédies et profonds regrets ;

On eût dit en effet des causes et des effets.

Pour l'honneur cruauté et perversité,

Que de phobie pour les résignés

Et puis ridicule et abandon.

Ciel ! déshonneur, haine et vengeance

Et puis après ?

Oubli et repentir

Et puis sans rien d'autre

Pas de riche et pas de pauvre

Seulement le bon et aussi le mauvais,

Pas de fort et pas de laquais.

Et alors le père rétablit l'équité,

Pour tous ses enfants retournés à la maison des adieux.

Février 2010 – juillet 2020.

Le début d'une nouvelle ère d'éducation pour l'humanité

REQUIEM

La corde d'argent brisée,

La troisième lune effacée,

La colombe sortie de cage

Entame en liberté le voyage.

Jamais aucune éphéméride

N'a eu le temps de briser le gouvernail

De cette soucoupe rigide

Dont le grincement de l'émail

Enchante les anges réceptionnistes :

Les uns aux portes des lumières,

Les autres aux portes célestes.

Sans nulle autre faute à expier,

Le besoin du secours pourtant ne se fait prier

Au jour du voyage sans retour.

Dans le noir de l'obscurité patibulaire

Et dans la laideur de l'oubli, se terre

Toute une dimension d'heureux labeur

Qu'on regrette même si elle fut une gageure.

Des soirs sans nuits de sommeil,

Au seul bruit des carillons près du linceul,

Ding dong de l'orchestre funèbre

Se noie la vérité sur fond de prière.

Il y eut fallu attendre l'heure de l'envol,

Seul instant ou cède l'hypocrisie fondamentale

Sous le poids de la réalité intransigeante :

C'est la nuit qui trouve à la royauté des bémols

C'est la nuit des aveux aux allures de confessions.

Sans procès, le repentir sanctionne le parricide,

Sans façons, le bourgeois est l'égal de l'indigent.

C'est le grand message, on craint des aller sans retour

Mais tout au chevet de la vérité

Coexistent, grandiloquents, la farce et le boniment.

Il y a le frère qui aura regretté

Par admiration, le génie et la force du mourant

Il y a la femme qui par dévotion ferait l'herbe sur son sentier

Et l'autre ferait ses mémoires par attachement.

Et il y a encore d'autres, plus grivoises que débauchées

Passionnées et réels esclaves de la verge de chair.

Tous malheureusement recalés du cercle des comptines,

La peur dans les yeux d'être tirés au sort puis à leur tour fauchés,

La peur au ventre d'être élus

Pour le grand voyage sans retour.

Dans ce nouveau théâtre de l'humanité mobilisée

Se confondent amitiés insoupçonnées,

Débris d'inimitiés jamais avoués,

La sincérité sur d'autres cœurs réellement brisés

Des hommes de la peuplade de notre race,

Qui sanglotant implorent l'instant fugace,

Qui généreux ravivent cette mémoire dans l'eucharistie,

Qui chantent « requiescat in pace »

Au jour mystérieux de la résurrection,

Au contraste des cœurs éplorés et l'ascension,

A la divinité bienveillante du christ fait homme ;

Au jour du voyage sans retour

Septembre 2011 - juillet 2019

Spectacle théâtral des obsèques, au mérite des révélations d'une nuit

CONFESSIONS DE GUIDE

L'élément qui en réalité rend à l'âme sa quintessence,

Qui accomplit le plan existentiel établit d'avance,

Dont chacun même contre son gré et parfois délassé

Suit le cours est, fussiez-vous brave

La brèche constante entre la peine et l'épreuve.

On ne s'interroge pas souvent assez sur le sens de la souffrance,

On ne médite pas souvent assez sur l'essence de notre existence.

On ne peut mieux peindre la tristesse

Que par la forme qu'une larme trace.

Ma vie est enfin de compte ce qu'elle aurait dû être.

Par-delà les faveurs apparentes que l'imagination confère,

On suit le cours des luttes du corps et de l'esprit qui se fédèrent,

Sans avoir vocation à quelque allocation héritière.

Je n'ai eu de véritable attention que celle d'une mère,

Une mère qui tant de fois a pleuré et dont à la vaillance Je me réfère.

Mon esprit dans le tourment de l'abandon ère,

Qui affermit ma foi perdue au saule d'une prière.

Mon cœur jadis en sanglots s'endurcit au fil des guerres,

Me laissant pour seule trésor une empathie légère,

Un calme et une docilité naguère

Symbole d'appartenance aux cercles courtisans.

Ma vie est enfin de compte mon école d'antan.

L'ainesse n'a pas suffi à me donner droit au blâme,

Comme s'il eût fallu autre condition pour ce sésame.

J'ai sublimé le caprice et la moindre moue d'une belle-mère,

J'ai subi l'autorité à contre cœur à l'âge d'être père,

Sans protestation ni véritable colère,

Pour raison : j'avais besoin de repères.

Au fond de l'âme gisait une éclatante amertume, une désolation ;

Voilée d'un zeste d'humilité et de maitrise, ma consolation.

Et toute cette mélancholia forgea ma motivation :

A moi de sonner le glas de la libération,

C'est mon fardeau, je n'aurais rien compris si non.

Ma vie est en fin de compte ce qu'elle m'a enseigné.

L'adolescence enthousiaste et la naïveté m'ont conçu,

L'instinct de survie me conduit à l'âge de comprendre les rebus,

Victime du sort réservé aux anges déchus

Parmi lesquels je fus un élu et une victime ;

Les hommes ne sont pas coupables de cette haine légitime.

Voici la noble peinture d'une réalité

Qui est en vérité une triste fatalité.

A l'âge adulte et par-dessus tout inconsolable,

Quoique mon patronyme eut quelque attache seigneuriale,

Je n'étais accompli et par conséquent irritable

A l'idée que la nature ne me fit de faveur véritable ;

Aussi déçu qu'un prince légitime

Dont la principauté eut été contestée

Je n'avais de véritable paix que dans les prés

Quand soudain vint le moment

Ou vint le doux froment

De l'amitié et de l'amour qui fit éclore mon génie.

Ma vie est enfin de compte un aboutissement

Mon nom est amour et emportement,

Ma destinée s'est forgée dans l'atermoiement.

Tenace, robuste et inspiré, ce fut mes présents.

Dans le secret de toute l'amertume régurgitée

Se cache la promesse de la gratitude.

Accepte ta douleur et l'univers t'accorde émeraude.

Mars 2011-

Dans la maison de mon père.

LE RUISSEAU

Au bas de la colline,

Non loin de « ma maison », à travers ces morceaux de tubes ronds

Recouverts avec soin de grès

Coule silencieusement la paix ;

Comme une rampe au pieds de cette colline.

Un soir de turbulence

M'en allant chercher cette semence

Qui fleurit dans le bois sacré de la solitude ;

Là-bas à l'abri de toute vicissitude,

Là où commence la vie de toute angoisse vide.

Dans la nature perdue

De cette forêt en ruine

Qu'on dévastait pour lotissement de tristes individus,

Voici qu'il m'appelle sans me faire le moindre signe.

Dans ses eaux si claires ouvertes à ce ciel parfois mosaïque,

Se plaisent de jeunes habitants insouciants,

Qui viennent lécher mes pieds pendants

Baignés dans ces eaux, de leurs battements de queues rythmiques.

Son ruissellement tel un orchestre philharmonique

Accompagne la joute de ces danseurs frénétiques

Et joue une berceuse pour mon cœur d'enfant fasciné
Par le spectacle de cette nature satinée.

Sous le pont et dans cette muse
Se trouve installée la cornemuse.
Tout le long de ces morceaux de tonneaux,
Les eaux qui semblent s'empresser de sortir aussitôt
Pour ne point rompre la trame de cette mélodie serpentent.
Et le dessin de cet animal si froid
Que dieu garda en dédain
Et fit pâlir de honte l'Eden,
Dans ce boyau qui l'innocente
Inspire le profond repentir
A la place de sa traditionnelle tendance
A faire frémir sans pitié.

Je reçois tour à tour la visite des noirs
Qui viennent me saluer du bonsoir,
Des bruns, curieux de voir assis sur ce tronc
Un visiteur si paisible sur ce jonc
Dont personne n'admirait la beauté jusqu'ici.
Ils me gratifièrent alors d'un numéro symbolique d'acrobatie.

Je n'ai pas cherché où commence son lit ;

Le plus important c'est qu'il coule,

Aussi paisible que la vie,

Indifférent à notre indifférence,

Plus doux que ses habitants pacifiques,

Qui ne se font la guerre si ce n'est celle de la vie.

Cette ville qui étend ses périphéries

Lui fait des affluents

D'eaux de ruissellement,

Et de ménage et de cuisine, toute une voirie

Qui vient polluer ses habitants si salubres

En lui servant la salissure qu'il récuse

Par une simple lubie.

Mais il s'efforce de tout drainer au loin,

Ce qu'il peut du moins,

Loin de ce petit pont,

Loin de ce tabernacle de quiétude…

Mars 2011, Nkolfoulou

STAND UP

Par Essence hissé à son piédestal

A la merci de la foudre du destin rival

Serait ce de la fatalité ce mal,

Ou la sentence du père du zodiaque,

Ou l'épreuve de job dans sa condition de mortel

Quand tourne mal la roue ou la plaque

Au casino terrestre, las Vegas des mortels ?

Roi, dominateur, félin,

Crinière, diadème d'airain

Un lion à l'herbe nourri c'est contre nature.

Avec sagesse et bon sens comme armure,

L'on sait qu'un cycle englobe richesse, défaite et prouesse.

Doit- on blâmer le soleil à l'heure de la canicule,

Doit-on maudire la marée à l'heure légitime du déluge ?

Quand sur la terre des ancêtres Zoulou il fléchit,

Et que le poids de sa renommée flétrit,

N'est ce pas pour un lion brouter de l'herbe ,

Qu'au rendez-vous historique il manque

Et que plane la défaite assaisonnée de critiques acerbes ?

La victoire au lion dans les épreuves fatales,

Le dividende au lion dans les commerces et affaires,

La célébrité au lion enchanteur des spectacles,

Un repas au lion réfugié des villages des frontières,

Quelle différence cela fait – il ?

Un jour un bon repas,

Un jour c'est le trépas

Sans perdre courage ni plier l'échine pour autant,

Le mérite dans l'émotion glorieuse du péan

Impose volonté à toute épreuve

De croire contre les débâcles et les preuves

Que seul le grand voyage arrête le diaporama de l'existence,

Rien n'est d'essence éternelle

Tant que la foi étincelle.

Septembre 2011- Juillet 2019

Regain de foi, tout est vanité

PILE OU FACE

Le bon sens,

Le sens bon.

Le mensonge,

La vérité,

Le souffle.

On entre,

Certainement deux ;

On sort,

On est trois

Ou quatre etc.

C'est le fruit du couronnement

D'une pulsion et le sentiment

De parvenir à dominer les priapismes.

Le doux conseil,

Qui eut fait déroute à bien de pièges

N'était pas de la bonne oreille.

Que de naïveté,

Pour celles qui ont,

Dans cette illusion,

Dit de l'instant qu'il est le faîte des grandeurs.

Car, points de suspension.

Et après,

Hélas !

Ciel !

Parfois pas d'après

Deux points tout est raté.

Octobre 2019,

Les enfants de ma maison,

La virginité aux orties

QUI SUIS -JE ?

Se faire sonner aux aurores par des coqs

Et en faire le festin d'intelligibles molochs

A l'aube des matins gras ou maigres,

Ensoleillés ou encore nuageux,

Certains plus sombre que nuageux,

Il n'est jamais égal à lui-même, « Hellène » ou « nègre ».

Avoir pour seule et unique obsession

De garnir à la transpiration le tube médian,

Se félicitant, se confinant sans méditation

A brandir la consigne de livres vieillis par les pleurs

Qui lui promettent la béatitude au crépuscule

S'il s'abstient de ces choses pleines de saveur

Mais pourtant inhérentes à la création,

Tel est l'objet de toute son ardeur.

L'homme !

La nature l'a fait pour un dixième,

Un quart ou un siècle quand même.,

Seulement pour ce que de lui

On peut percevoir de visu.

Ebène ou encore vermeil

Sans qu'il eût au préalable

Pu sonder les abimes.

Quand au soir il croule sous le sommeil

Hélas ! plus insouciant que sa propre création

Qui porte de tous temps les germes de sa destruction.

Juillet 2019

La béatitude sous des apparences niaises

LES ARTISTES ACTE I

Dans le secret de l'état de nature

Se trouve cachée la clé de cette serrure

Qui ouvre la voie sans porte.

Et les misérables qui enseignent

Se voyant érudits de ce temps

Ignorent les mystères de la musique originelle.

Du matin au prochain matin

Ils se succèdent avec entrain.

Premiers sur la scène, les captifs.

Ils sonnent la cloche d'un ton hâtif,

Ils ouvrent le bal des marionnettes.

Et aussitôt le son des trottinettes

Egruge la frénésie annoncée

Sans faire le moindre courroucé,

Au mérite de la douceur originelle.

Mais la trame reste uniforme,

Et la diversité même,

Fournée des prés à l'ombre d'un bois

Nourrit le spectacle bienveillant

De l'orchestre des onomatopées.

Octobre 2019

Croacroa ,ratata , cocorico

HYMNE A MON PREMIER AMOUR

Comme un soleil par une nuit

Sans ambiguïté, diadème fortuit,

Tu m'étais apparue. Ce soir où sans concours actif

Je fis de la solitude une alliée,

Mais elle avait ouvert mes blessures oubliées.

Puis mon cœur t'a choisi d'un ton hâtif.

Dans mon asile de tristesse

Voici que tu arrivas, et tu souris,

D'un sourire dont toi seule as le secret,

D'un sourire fort agréable mais discret.

Et puis mon ressentiment s'est assoupi,

Et puis tout simplement je trouvai la quiétude,

Animal de compagnie affranchi de sa laisse.

Mon cœur au repos grimaçait la sérénité,

Une foule de sensations dans un infime espace

Trahit une alchimie secrète.

Sous bien des hospices, ton cœur

Répand sans ménagement la douceur.

Mon cœur qui ardemment hait la guerre

Se battait obstinément pour te plaire,

Ce fut la saison des amours,

Aux délices d'une ardeur passionnée.

Il t'était loisible de partir c'est certain,

Mais ton innocence a crié un refrain,

Celui de la vierge introvertie que tu fus

Dans l'âme endurcie et extravertie que je fus.

J'ai pour toi cherché des perles

Que je savais blanc merle.

Mon amour, tu m'étais si douce et tendre.

Un signe de tristesse sur ton visage

Prolongeait un murmure harmatan,

Digne d'un sombre et doux orage,

Pour briser le désir de tes amants.

Ce labyrinthe sur ton front sans rides

Réjouit la mort au prix d'un sacrifice :

Je te salue dame de mon amertume.

Je t'ai vu t'éloigner, mais généreusement.

Dans la main un tout nouvel amour fleurissant,

Mais j'ai vu ta main ouverte et presque pleine,

Ouverte au cœur des traditions africaines.

Tu aimais comme une enfant, dans ton enfance vécue modestement,

Je te salue aurore inaccessible, messagère de printemps :

Mon amour, tu m'étais si douce et tendre.

Juin 2008 – juillet 2009

Mourir d'aimer, la paix dans l'âme

LES AMOURS DE L'AUBE

A tâtons tu cherches l'âme sœur,

Papillon encore chenille

Essayant de toucher le calice des pleurs ;

Mais à l'instant de vérité tu te replies.

Voici donc tes prémices

Tes mains sur ton visage voilent la vérité,

Et dans ce repli où tu t'enfermes sans cesse,

La peur au ventre et dépitée,

Réside le désir de trouver l'être aimé ;

Dans la flamme d'un amour juvénile,

Tel un hymen en holocauste offert

Et sans possible thérapie.

Le chaos de ces sentiments et tes peurs

Produisent de bien belles épopées.

Tu as fait une prison au désir en toi

Espérant qu'il se plaise dans cette geôle dorée

Et te rende tes quiétudes antérieures.

Regarde ! l'élan physiologique de tes sens,

Les rouages de ta société dépravée,

L'ardeur des prédateurs de jeunesse,

Et ton cœur qui déjà éveille son œil ensommeillé,

Ouvrent les portes d'un délice épineux.

Dans chaque compartiment de ton être.

Se trouve enfoui sur parchemin une prière.

Sur chacun de tes sentiers tu vois courir une armée de gitans

Espérant en vain ne pas souffrir le supplice qui t'est prédestiné.

Lui le seul qui aura ouvert ta porte ne le saura jamais

Que tu traines à jamais son souvenir

Chevalier premier du nom,

Qui légifère sur les lois futures de ta façon d'aimer.

juillet 2019

UN AMOUR EVANESCENT

Comme une prude frustrée d'un soudain plaisir,

Prisonnière de sa réserve sensuelle,

Elle me fit ce signe qui à jamais me ternit.

Mon ardeur l'épouvantait,

C'était dommage en vérité.

En secret mon orgueil fléchissait,

Et un soir sous le figuier le cœur muet,

Et l'esprit a moitié enchainé,

Et rêvant de recevoir un signe distingué,

J'ai vu tomber en lambeaux des années

J'ai vu flétrir l'espoir, fatigué.

Pour son allure dévote ponctuée d'une candeur cruelle

Les astres lui prédestinaient la fidélité.

Ce qu'elle avait de beau n'était accessible

Aux yeux d'ordinaires mortels limités

Et sans éclat de génie.

Il y eut fallu avoir un esprit subtil

Pour découvrir son charme irisé.

Elle me parla sans réelle conviction,

Je priai pour que mon sacrifice soit sa guérison,

Mais ce fut pour elle une indifférente promenade.

Je lui fis une énergique et courtoise révérence

Mais ce fut pour moi un pari stupide.

Mon âme dans l'abandon perdue,

Mes sentiments errant dans les pires tourments,

Voilant derrière cet inconditionnel flegme

Un cœur qui se consume de n'être l'élu.

Du fond de mon être j'ai crié son nom,

Au plus secret de mes desseins j'ai prié Sion.

Cette relation avait quelque chose de singulier :

Ses soubresauts idylliques sporadiques confortaient mon âme troublée

Mais c'était un obstacle à son éclosion torride.

Pourtant au fond de son âme, je vis mon reflet.

Jamais je n'ai eu tort de l'aimer :

Mon âme écoutait silencieusement mon pauvre cœur mimer

Le refrain qu'elle cachait sous son innocence sadique

Elle me souriait même pour me faire mal,

Alors je m'exilai pour autant que ma destinée n'abdique.

Par amour, il faut savoir laisser un cœur s'épanouir.

Voici la sérénade des adieux

Hélas ! On n'y peut rien. Serais-tu toujours là ? tu es déjà ailleurs.

Adieu femme, vas ! ton âge porte l'étendard de tes desseins ;

Adieu femme ! vole vers le meilleur horizon.

Tu trouveras la force dans mes faiblesses d'autrefois,

La crainte, l'impuissance, la solitude,

Un indigne remord tel un monstre vorace m'accable.

Adieu ! je garde en héritage le souvenir.

Février 2011 ,La fin d'une liaison dangereuse

SIDA

Sur les sentiers de l'amour et des plaisirs ardents,

Se trouvent parsemés les fruits des cours royales

Aux saveurs délicieuses et enivrantes,

Signe parfait de la félicité impériale.

L'adolescence épanouie des temps modernes

Vénère à corps perdu l'arbre aux fruits de l'Eden,

Et fait l'autruche sur les espèces vénéneuses

De cette végétation dominée par la graine épineuse

Et pandémique, qui a ajouté aux malheurs de mère Afrique

Le désarroi sur le front crispé de ces enfants uniques :

Orphelins du Sida.

Fils de trappeurs ou descendants de Galilée,

Tous les hommes ont le droit de s'aimer.

Qu'on leur donne du pain,

Qu'on leur donne la main

Rien n'est pareil au sein

Ni à la vie dans le creux des reins

D'une mère et d'un père, même vilains.

Dans le repaire des sages et des griots immémoriaux,

Pays où le linge maculé par la virginité brisée tel un sceau
Fut jadis l'orgueil des noces des filles dignes ;
Jamais on n'a versé une larme fut elle infime
Au pieds de ce monstre bientôt quadragénaire.
A l'heure de la rencontre inévitable
Des hommes de tous les horizons de la sphère globale,
Serais tu la sanction des époux infidèles ?
SIDA ! la descente aux enfers

Tu as défié le courroux des enfants de San Francisco.
Tu as provoqué la révolte des femmes de pharaons illico.
Tu as volé par traitrise des pères et des mères et, agit
Au gré de ta fourberie à la perdition de nos cités.
Mais ces enfants, à l'aile bienveillante des dames Africaines
Synergies
Ne mourront plus par ta lâcheté.

Au fronton de toutes les institutions de mon temps
Se trouve d'ores et déjà gravé le slogan didactique,
Epitaphe qui ornera la sépulture pathétique
De ce monstre adoré et entretenu dans la mouvance
Du gain, de la débauche et de l'imprudence.

Gloire aux vertus intègres des abstinents

Honneurs soient rendus à la délicieuse fidélité,

Mais aux plus lascifs la protection est de mise restée.

Le SIDA n'est plus un spectre !

Avec sur le cœur des morceaux de haine,

Après un siècle de recherches à l'issue certaine,

L'on vit désormais avec, en parfaite harmonie

Sans le moindre signe de l'ancienne anorexie.

Et la vie retrouve son cours

Jadis rompu par la peur des amours.

Et la vie rayonne dans les yeux

De ces enfants autrefois malheureux.

Juillet 2020

La décadence d'une pandémie

LA CROSSE, LE PETIT DE ET LES AUTRES ATTRIBUTS

Les jeunes gens bien élevés

Et les jeunes papas arrivés

A septante ans vigoureux,

A quatre-vingt quinze toujours heureux

De trainer dans leur bonheur

Un chat

Un chien

Une peluche et un petit canard,

Et une autruche

Tous heureux comme …

Et le petit chien qui va miauler

Après le petit chat qui va beugler

De faim ou de soif

Pour qu'enfin il leur revienne

Qui tienne la laisse.

Et quand le petit chat aura beuglé

Toutes les complaintes de son ventre,

Et quand le petit chien aura miaulé

Sur tous les os de l'opprobre,

Et quand le grand bonnet

Au bonnet plus grand que la cabosse

Se sera nourri,

Se sera amusé,

Se sera tout ça

Sur les petits chats et les petits chiens

Qui n'ont plus la honte,

Qui ne peuvent plus miauler :

Ouste !

Place aux canards

Et comme les canards

Ça défèque sur les tapis,

Et comme les excréments de canard

Ce n'est pas bon pour les tapis

Alors Ouste ! le canard.

Pauvre petit canard boiteux,

Si gentil, si soumis

Si lèche botte

Dans la marre du grand bonnet.

A côté il y a l'autre ;

Et l'autre,

Le prélat fils d'évêque,

Pauvre laquais

Au service de la même cause

Qui ne sait plus dégueuler

Sur la puanteur des gens bien,

Qui sait pourtant parler au pupitre,

Qui sait si bien cacher

Sous sa tunique

Le verset mimique :

Je vous bénis mes enfants.

Dépouillez vos enfants pour mes sous ;

Ils chanteront pour mon or

Et pour mon pétrole

Sans tenir compte que je suis bien

Et tous les enfants qui voient le prélat

Ne se doutent pas que ce fut le fils

D'un jeune homme qui n'était pas bien.

Alors le petit évêque,

Ou l'autre enfant de la famille des barbus

Veut aussi s'amuser.

Avec le petit chien

Et avec le petit chat

Lui qui a déjà l'autruche.

Chacun de ces enfants

Et tous les jeunes gens

Tout aussi quadrumanes,

Et tous les fils d'Adam

Qui ont mangé la pomme tératogène

Rêvent souvent d'être bien élevés,

Rêvent tous d'être les fils des grands papas.

Mais les grands papas sont des gens bien

Et la sainte famille le veut bien,

Qu'il y ait des petits matous,

Et que les autres, la tête dans le sable

Mangeassent dans la main

Des gens bien.

Septembre 2020

LES PLEURS D'UNE MERE

T'en souviens-tu Cameroun ?

Le temps où tu pleurais tes fils déportés,

Le temps où tu regardais tes femmes arrachées.

Chaque pierre aurait versé une larme d'acier

Pour honorer l'amertume de ton cœur déchiré

Par la meurtrissure de ton fer de lance.

L'écho jusqu'à mon âge adulte arrivé

Est si grand que les patriotes d'antan ont laissé

Une marque indélébile d'adoration,

De tes armoiries symbole d'union.

Passé le temps où le curé ZIMMERER,

Bonne nouvelle à la bouche et dans la main le révolver,

Rival de son demi-frère SAKER

Conduisait les intérêts de la chancellerie partenaire ;

Qui eut cru Cameroun,

Quand tu portes le deuil de ta progéniture

Des forêts de MAKAI aux confins d'ALOU

Que tes enfants sombrent à nouveau dans la sauvagerie d'autrefois,

Jaloux de cette mémoire collective de l'oppression ?

Ces enfants de l'ancêtre Caïn réincarné encore une fois,

Ces enfants qui coupent les meilleurs épis de ton champ,

Ces enfants qui dessinent un paysage méchant

Impropre à l'éclosion d'autres enfants

A qui tu as promis l'émergence et la paix.

T'en souviens-tu Cameroun

Souviens-toi Afrique tous azimuts

L'étang de larme où tes tribus

A l'unisson ont plongé le cœur

Pour léguer à ton âme son idéal fédérateur.

Souviens-toi Cameroun,

Souviens-toi des promesses que tu as faites à nos pères.

Quand survient la douleur

Et que ton front Emeraude

Se crispe par la dure réalité

De cette terre par la misère étiquetée,

Tu gardes jalousement et dans l'honneur,

Par devoir mais plus par amour

Le berceau de tes fils du crépuscule à l'aube.

Dans l'adversité tu trouves la force de dire « non ».

Aux enfants qui te sont fidèles

Tu ouvres les pétales du bonheur.

Souviens-toi mère,

Berceau de l'entraide,

Faiblesse de la générosité

De la force de l'union

Le sceptre de l'allégresse rayonne dans la main de ceux qui résistent

A l'oppression de du sang parricide.

La force de la lignée opprimée par ses pairs et ses frères

Est le signe incontestable d'une stabilité future.

Juillet 2019,

L'amour de la patrie, appel aux patriotes

COMPLAINTES

Dans la noirceur de cette vie

Sans perspectives de répit

Tu traines allégrement ta plume, ta force héritée des saints

Essayant de garder le sourire au prix de ton sang et de ta fierté.

A aucun moment tu n'as vu la magnanimité

De la providence

Si même un bonheur fortuit

Vient diluer l'amertume d'un cœur déchiré.

Voir les pleurs de tes pères,

Vivre la débauche de tes pairs,

Se résoudre à prier…

O quel cri superflu ?

Pour une âme qui ne sait sonder sa manne ?

Un adulte au cœur d'enfant à l'abandon perdu

Personnage incompris et grandeur méconnue

Ciel ! serais-tu ingrat ?

Quelle souffrance mérite vraiment l'éloge de ton talent ?

Quelle aube apparait sans ténèbres préalable ?

Pour noyer toton existence dans une insignifiance

Dans la procrastination,

Pour consentir l'éclipse de ton bonheur

Au seuil de larmes

Septembre 2020

Jérémiades pour un paresseux

L’ESPOIR

Pour toi que les hommes ne connaissent pas ;

À simplement ouïr ce juron divin cité,

Conscients qu’on ne verra peut-être jamais tes yeux

Et être brulé tout entier

De la chaleur que tu répands,

Il vient à l’homme averti de faire un vœu.

Porte accessible à l’hôtel des dieux,

Que l’Hermite au crépuscule

Implore dans son sommeil épanoui ;

Nul être en dehors de la voie

N’accède à ton doux réceptacle.

Je te salue dame de rêve

Sirène des profondeurs sacrées,

Dans ton abysse respirant la royauté.

Me faire une trop belle image de toi

Que je ne connais pourtant pas,

Est une bride à la romance.

Je t’ai rêvé un visage de grâce

Espérant que tu eusses la bienveillance

De gagner le cœur des hommes

Transformer les cœurs, la quête de la droiture

Décembre 2020

LA SIMPLICITE EST UN ATTRIBUT ROYAL

Le marbre, la cire, le staff, le bois.

Après le grès qui fait l'architecture grossière de l'édifice,

Il Ya ces choses qui éblouissent le virtuose tel des artifices

Au cœur de l'édifice royal, au cœur de cette demeure sublime.

Dans les demeures d'aristocrates il y a le portique

Le fronton qui donne accès au rez- de- chaussée,

Le garde suisse aux allures de sbires qui emphase l'exubérance

Des basiliques de riches aux allures fières d'extravagance.

Mais ici, on est au cœur de la béatitude simpliste.

Dans cette demeure qui réunit un urbaniste

Un administrateur, un érudit animiste

Un commis des cercles de médecine

Sous le toit d'un artiste médiéval, à la modestie trompeuse

Dont l'œuvre dénote d'une originalité qui défie la modernité.

La mosaïque révèle la disparité folklorique du pays des griots,

Le blanc et le gris imprègnent fortement la trame

Pour résoudre le conflit entre le pourpre et l'argenté

Symbole de beauté luxurieuse

Pour traduire de la tempérance et de la conciliation :

Ciel ! quelle beauté cache ce château aux allures de demeure modeste ?

Le serpent d'airain, forgé dans le feu et dans l'enfer du purgatoire

Oscille aux contours de la sirène par intermittence

Et laisse transparaitre une puissance

Voilée derrière les artifices d'une beauté infraliminale.

L'éclat du rose, baryton de cet orchestre qui accompagne le bateleur

Dans son voyage méditatif, renforce la suavité de cette antre angélique.

Dans cette toile exotique se dégage un beau ancestral,

Un agencement exquis qui dénote d'une certaine soif bien être,

Un gout de la diversité que seules peuvent dégager les aromes d'épices

Savamment sélectionnées des plantes aromatiques de la grande richesse

Botanique de l'Afrique profonde, au bénéfice d'une âme noble.

A mes amis

Février 2021

Table de matières

Printed by Books on Demand GmbH, Norderstedt / Germany